Drei streitende Feldsperlinge

© Verlag Heiderose Fischer-Nagel,
Brunnenstraße 7, D-34286 Spangenberg
Tel.: 05663-280, Fax: 05663-6562
E-Mail: fischer-nagel@t-online.de, URL: www.fischer-nagel.de
Alle Rechte, auch die der Bearbeitung oder auszugsweisen Vervielfältigung
gleich durch welche Medien, vorbehalten.
Fotos: Titel: Winfried Martin; Vorsatz: Klaus Bogon und Marko König;
Anja Giseler S. 15o., 32l., 35r., 36u.l., 40o.l., 41o.l.+u.r., 42u.l.; Bernhard Diehl S. 20l.;
Harald Klier S. 4, 6, 7, 17u., 28u., 31u.; Klaus Bogon S. 5, 10o.r., 11o.l.+u., 12u.l+r, 13l., 14o.+u.r., 15u.,
16 alle, 17 Portraits, 18, 20r., 21o.+u., 24, 25o.l., 26 alle, 27r., 28o.+M., 29 alle, 30u.r., 32u.r., 33o.+u.l.,
34u., 35o., 36o.r., 37u., 43u.r.; Marko König S. 8., 10o.l.+u., 11o.r., 13o.r., 14o.+u.l., 27l., 30o.r., 34o.l., 38u., 39l.;
Winfried Martin S. 22o.+u., 40l.; Marcus Siebert S.25u.r.; Andreas Fischer-Nagel S. 9o.+u., 19 alle, 21l.,
23, 25u.l., 39u.r., 44o.r., 45 alle; Andreas Trepte S. 13u.r., 37o.; Luc Viatour S. 12o.l.; Pierre Dalous S. 30u.l.;
3268zauber S. 41u.l.; Pierre-Selim Flickr S. 42o.; Margoux 42u.r.; ponafolkas S. 43u.r.; Maxwell Hamilton S. 43o.r.
Druck: INTERAK, Czarnków, Poland

ISBN 978-3-930038-46-6

Heiderose und Andreas Fischer-Nagel

Wildvögel am Futterplatz

Verlag Heiderose Fischer-Nagel

Hast du schon einmal Vögel im Wald, im Garten, in der Stadt oder im Park beobachtet? Sie sitzen nie so lange auf einem Platz, dass du ihre Art bestimmen kannst, nur an Futterplätzen bekommst du eine Chance dazu.
Vogelfutterplätze lassen sich fast überall einrichten. Je nachdem, wo du wohnst, finden sich dort ganz unterschiedliche Vogelarten ein. Bald erkennst du, dass nicht jeder Vogel Körner frisst, ja dass ihre Futterbedürfnisse ganz unterschiedlich sind.
Im Sommer ist die Beobachtung meist schwieriger als im Winter: Die Vögel huschen durchs Gebüsch, fliegen hoch oben am Himmel, sitzen in den luftigen Wipfeln der Bäume oder fliegen so schnell vorbei, dass wir sie gar nicht genau betrachten können. Deshalb sagst du auch oft nur: „Guck mal, ein Vogel!" Was es für einer ist, erkennst du so auf die Schnelle gar nicht. Im Winter jedoch, am Futterhäuschen, lassen sich Vögel sehr gut beobachten.
Wenn es kalt wird, die Blätter von den Bäumen fallen und alles um uns herum lichter wird, sehen wir die kleinen gefiederten Tiere besser. Von der warmen Stube aus kannst du ihnen bei der Futtersuche zuschauen. Sie stochern im Laub und suchen die letzten Würmer, Insekten und Samen des Jahres. Bald werden auch keine Beeren mehr an den Sträuchern sein, die Nahrung wird knapp und die Vögel sitzen frierend und hung-

rig, mit aufgeplustertem Federkleid auf den Ästen. Spätestens jetzt ist es an der Zeit zu füttern.
Je kälter und länger der Winter, umso schwieriger ist es für die Vögel, diese Zeit zu überstehen.
Wir können und sollten ihnen dabei helfen, denn Vögel sind das ganze Jahr über sehr nützliche Helfer. Sie verbreiten die Samen der Pflanzen, fressen Unmengen von Schädlingen und erfreuen uns mit ihrem Gezwitscher und Gesang.

Im Gegenzug helfen wir ihnen, wann immer es nötig ist und stellen Futter bereit, sei es an kleinen Häuschen an den Fenstern oder in einem Futterhäuschen im Garten, mit Hilfe von Futterautomaten, Futterbrettchen, Körnersäulen und selbstgebastelten Futterglocken. An den Futterstellen kannst du viele Vogelarten kennen lernen. Nach neuesten wissenschaftlichen Erkenntnissen der Vogelkundler (Ornithologen) sollte man Vögel aber nicht nur im Winter sondern sogar ganzjährig füttern, denn durch die zahlreichen, chemischen Bekämpfungsmaßnahmen, die dem Pflanzenschutz dienen sollen, gibt es tatsächlich leider immer weniger Futter für die Brutvögel. Die Jungen verhungern oder werden durch vergiftete Futtertiere krank und sterben. Während man früher die Sommerfütterung verurteilte, ist heute das ganzjährige Füttern eine äußerst wichtige Maßnahme im Sinne des Naturschutzes.

Die Zeit der großen Reise

Der Sommer neigt sich dem Ende zu.
An manchen Tagen ist das Wetter schon ungemütlich. Bald werden Wind und Regen die ersten bunt gefärbten Blätter von den Bäumen reißen. Noch gibt es Insekten, Würmer und Beeren in Fülle. Die Tage aber werden kürzer.
Viele Insekten sterben oder verkriechen sich bald. Einige Vogelarten, die wir im Sommer beobachten können, würden dann nicht mehr genug Nahrung finden. Um nicht zu verhungern, begeben sich diese Vögel auf eine lange Reise in den warmen Süden. Wir nennen sie »Zugvögel«, im Gegensatz zu den »Standvögeln« und den »Teilziehern«, die wir am Futterhäuschen genauer kennen lernen werden.
Zugvögel sind richtige »Leistungssportler«! Es ist erstaunlich, wie diese Vögel zweimal im Jahr ihre großen Flugstrecken bewältigen. Sie fliegen zuverlässig immer wieder in die selben Winterquartiere und landen im Frühjahr ebenso sicher in ihren angestammten Sommerquartieren, wie zum Beispiel die **Rauchschwalben, die** sogar in den selben Stall und ihr altes Nest zurückkommen! Zugvögel besitzen ein fantastisches Orientierungsvermögen.
Bis zu 10 000 Kilometer legen manche von ihnen auf einer Strecke zurück. Sie orientieren sich an Landmarken, wie Gebirgen, Flüssen und Küsten, sie nutzen die Sterne, den Sonnenstand und das für uns nicht spürbare Magnetfeld der Erde.
Manche von ihnen ziehen am Tag, andere in der Nacht. Damit sich in Schwärmen fliegende Vögel nachts nicht verlieren, rufen sie während des Fluges und bleiben damit in Hörweite.
Bestimmt hast du schon große ziehende Vogelschwärme in Linien und keilförmigen Formationen beobachten können, zum Beispiel **Wildgänse** oder **Kraniche** *(rechts oben)*. Kleine Vögel fliegen oft in dichten Schwärmen, wie die schönen **Rauch-** und **Mehlschwalben**, die uns

den Sommer über mit ihrem unermüdlichen Gezwitscher erfreuen.
Wer Schwalben sieht, kann sich freuen, denn durch Veränderungen in unserer Umwelt, durch Verordnungen von Behörden und rücksichtslosen Menschen, gehen die Brutmöglichkeiten in den Ställen für diese streng geschützten Vögel immer mehr zurück. Die blauschwarz schillernden Rauchschwalben mit ihrem langen, gegabelten Schwanz sind die typischen Sommervögel. Beinahe jedes Kind weiß, dass Schwalben kleine Wetterboten sind. Bei schönem Wetter fliegen sie hoch am Himmel und bei drohendem Regen dagegen sehr tief.
Auf ihren Reisen lauern viele Gefahren: Vogelfänger in anderen Ländern, die ihre Netze aufspannen, um die Vögel als Leckerbissen zu verkaufen, Unwetter und Sandstürme, plötzliche Kälte und Schnee in den Alpen. Sie brauchen Kraft und Ausdauer, um diese Reise zu schaffen. Kranke und schwache Tiere bleiben oftmals auf der Strecke.
Die Rast am Zielort ist dennoch kurz. Schon nach einigen Wochen beginnt die Reise von Neuem.

Auch das seltene, heimlich und verborgen lebende Braunkehlchen ist ein Zugvogel. Bei uns brütet es am Boden, in Wiesen und an Böschungen.

Standvögel und Teilzieher

Anders als die Zugvögel bleiben die **Standvögel** das ganze Jahr über ihrem Revier treu. Manche leben tatsächlich immer in unmittelbarer Nähe ihres Brutplatzes. Andere Vogelarten gehören zu den **Teilziehern** oder **Strichvögeln**. Dies bedeutet, dass einige im Winter, wenn es bei uns zu kalt ist, ein Stück nach Süden ziehen, andere der selben Art aber bleiben. So haben wir vielleicht eine Zeitlang **Blaumeisen** aus dem Norden bei uns zu Gast, während unsere »eigenen«, die im Sommer bei uns brüten, ein Stückchen nach Süden geflogen sind.

Teilzieher legen nicht so weite Strecken zurück wie Zugvögel, sondern weichen nur dem schlechten Wetter aus. Sie kommen zurück, sobald es wieder besser ist. Es ist ein ständiges Hin und Her.

Wenn die Insektennahrung knapp wird, stellen einige Vogelarten ihre Ernährung auf Beeren um.

Besonders die hin- und herreisenden Vögel sind im Winter Gäste an unserem Futterhäuschen.

Du wirst staunen, wie viele Vogelarten du auf einmal entdeckst, die dir im Sommer kaum aufgefallen sind. Zu ihnen gehören die hübschen Meisen, von denen es mehrere unterschiedliche Arten gibt:

Die **Kohlmeise** ist die größte und sicher auch bekannteste unserer Meisen. Sie hat ein schwarzes Köpfchen und weiße Wangen. Ihr

Gefieder ist gelbgrün und zeigt einen schwarzen Längsstreifen über gelbgrüner Brust und Bauch. Ihre Flügel haben schwarzweiße Streifen. Im Sommer sammelt sie Unmengen von Würmern, Schnecken, Insekten und Raupen. Wie ein Akrobat hängt sie an dünnen Zweigen und schaukelt bei ihrer Futtersuche hin und her. Ihr Schnabel ist spitz und kräftig, sodass sie in der kalten Jahreszeit noch ein paar Futtertiere aus der Rinde der Bäume herauspicken kann. Wie alle Meisen sind Kohlmeisen Höhlenbrüter und freuen sich im Sommer über geeignete Nistkästen. Je nach Meisenart gibt es Nistkästen mit unterschiedlich großen Einfluglöchern. Im Winter ist der Nistkasten ein gemütlicher Schlafplatz, den oft viele Vögel gemeinsam nutzen.

Viel kleiner als die Kohlmeise ist die **Blaumeise**. Sie hat eine blaue Kopfplatte, blaugelbes Gefieder und streitet sehr gerne mit der größeren Verwandten. Im Sommer sammelt sie eifrig die Blattläuse von den Pflanzen.

Die kleine **Tannenmeise** (unten) wird zunächst gerne mit der **Kohlmeise** verwechselt, dabei hat sie einen auffällig weißen Nackenfleck, ist kleiner und nicht so farbenprächtig. Das angebotene Fettfutter an der Futterstelle ersetzt ihr die sommerliche Insektenbeute.

Noch mehr Meisen

Meisen lieben Fettfutter. Für sie gibt es auch die großen und kleinen Futterknödel, die Fettstangen mit Körnern und die Nüsschen, die für sie eine besondere Delikatesse sind. Sie sind besonders eifrige Besucher am Futterhäuschen. Du kannst viele Meisen gleichzeitig beobachten und sehen, wie sie ihre Futterstelle mit gespreizten Flügeln verteidigen, gerade so, als ob sie mit ihrem Gefieder den Futterplatz breitflächig abdecken und ganz für sich allein beanspruchen wollen. Manchmal begegnet dir vielleicht eine ganz besondere Meise, die seltene, zierliche **Haubenmeise.** Du erkennst sie sofort an der lustigen schwarzweißen, spitzen Haube, die sie immer wieder aufrichtet. Während des Jahres lebt sie als echter Waldbewohner am liebsten in der Nähe von Nadelbäumen, in denen sie jede Menge Insekten und Spinnen findet.

Sie muss aufpassen, dass die freche **Sumpfmeise** *(Bild unten)* ihr nicht ständig den Futterplatz streitig macht. Mit ihrer

samtigen, schwarzen Kappe ist diese gut von fast allen anderen Meisen zu unterscheiden. Nur eine Art sieht ihr so ähnlich, dass man sie auch als Vogelkenner noch verwechseln kann:

Die **Weidenmeise**. Wer ganz genau hinschaut, wird erkennen, dass ihr schwarzer Kehlfleck breiter ist und weiter auf die Brust hinunterreicht. Sie hat außerdem einige helle Flügelfedern, die der Sumpfmeise fehlen.

Alle Meisen sind Höhlenbrüter, die ihre Nester in verlassenen Spechthöhlen, ausgefaulten Astlöchern, oder in den von uns aufgehängten Nistkästen bauen. Eine Ausnahme bildet die kleine langschwänzige **Schwanzmeise** *(rechts)*. Sie baut ein Kugelnest aus Moos, Tierhaaren und Spinnenweben. Von außen tarnt sie es so kunstvoll mit Baumflechten, dass es weder ihre Freßfeinde noch wir vom Baumstamm oder den Zweigen unterscheiden können. Der Eingang ist ein winziges Schlupfloch.

Wenn es auf einmal laut wird am Futterhaus, hat sich ein ganzer Schwarm Schwanzmeisen, meist eine Familie, eingefunden. Sie leben am Waldrand und sind oft nur an Futterhäuschen zu Gast, die in ihrer Nähe liegen. In den kalten Nächten rücken sie so dicht zusammen, dass sie ihren Wärmeverlust durch die Umgebungstemperatur beinahe ausgleichen können.

Amsel, Drossel, Star ...

Eigentlich ist die **Amsel** ein Waldvogel, doch schon vor langer Zeit hat sie erkannt, dass sie in den Dörfern und Städten recht gut zurecht kommt. Amselmännchen und Amselweibchen sind leicht voneinander zu unterscheiden: Das Männchen trägt ein schwarzes Gefieder und einen auffällig orangegelben Schnabel, während das Weibchen schlicht braun ist. Bei den Vögeln ist das Männchen meist das »schönere« Tier.

Amseln gehören zu den Drosseln, ebenso wie die **Wachholderdrossel** *(oben)* und die **Rotdrossel**. Sie fressen lange Zeit Regenwürmer und Früchte, wie zum Beispiel die orangefarbenen Vogelbeeren oder Eberschenbeeren. Es dauert lange, bis sie tatsächlich nichts mehr finden und zum Futterhäuschen kommen. Besonders schön ist es, wenn man nicht alle Äpfel von den Bäumen geerntet hat. Der Frost hat die Äpfel mürbe gemacht

und nun kannst du an fast jedem Apfel eine Drossel oder eine Amsel beobachten. Auffällig ist, dass fast nur die Männchen zum Apfelbaum kommen. Es ist ein Festschmaus und deshalb kein Wunder, dass der Baum voll mit Vögeln sitzt. Rasch kommt es zum Streit. Keiner gönnt dem anderen etwas. Schwächere, meist jüngere und unterlegene Tiere halten deshalb respektvoll Abstand von den älteren, bis diese satt sind.

Solange genug Futter da ist, hält sich jeder Streit in Grenzen. Amseln und Drosseln fressen lieber am Boden unter dem Futterhäuschen. Sie lauern auf die in Fett getränkten Haferflocken und Rosinen, die ihnen „von oben" vor den Schnabel fallen.

Ganz ungewöhnlich erscheint es uns, dass die **Stare** im Winter für Stress rund ums Futterhäuschen sorgen. Eigentlich waren sie mal Zugvögel und verbrachten den Winter im Süden. Viele von ihnen haben sich inzwischen angepasst und bleiben nun auch im Winter hier. So lange der Winter mild ist, fallen sie uns nicht so auf. Sobald aber Schnee und Eis das

Land bedeckt, brauchen die Stare dringend Futter. Sie tragen im Winter ein viel schlichteres Kleid als im Frühjahr, wenn sie schillernd und bunt glänzen.

Etwas ängstlich hüpfen zwischen den aufgeregten, größeren Futtergästen die **Rotkehlchen** herum. Sie trauen sich nur selten ins Häuschen und picken lieber am Boden still und heimlich nach kleinen Futterkrümeln.

Für jeden Schnabel das passende Körnchen

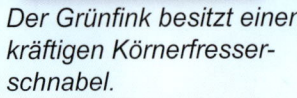
Der Grünfink besitzt einen kräftigen Körnerfresserschnabel.

Der Gimpel mag gerne halbreife, noch weiche Samen, sowie Knospen von Bäumen. Sein kurzer, dicker Schnabel ist dafür besonders gut geeignet.

Zeisige mögen sehr kleine Samen, die sie mit ihren spitzen Schnäbeln aus Früchten und Zapfen der Bäume picken.

Mit ihrem dünnen, spitzen Schnabel holt die Haubenmeise Insekten aus jedem Spalt.

Der kräftige Schnabel des Kernbeißers knackt mit Vorliebe Kirsch- und Pflaumenkerne. Sie sind ihm nicht zu hart.

Der Buchfink knackt gerne Bucheckern und Sonnenblumenkerne.

Der Stieglitz ist auf feinere Samen, wie Distelnsamen, spezialisiert.

Meisen sind mit ihren spitzen Schnäbeln eigentlich auf kleine Insekten spezialisiert. Sie nehmen aber auch gerne kleine Samen oder hämmern Nüsse auf.

Vögel haben ganz unterschiedliche Schnäbel. Sie sind Nahrungsspezialisten. Körnerfresser haben einen dicken, kurzen, kegelförmigen Schnabel, mit dem sie hartschalige Samen knacken und enthülsen können.
Zu ihnen gehören zum Beispiel die Buchfinken, Kernbeißer und Sperlinge. Am Futterhäuschen picken sie nach den Sonnenblumenkernen, Erdnüssen, Hanfsamen und Weizenkörnern.

Die Weichfresser ernähren sich während des Jahres von allem, was eben weich ist. Zu ihnen gehören die Meisen, die ihr Futter während des Jahres aus Spalten und Ritzen picken und von den Blättern und Knospen sammeln. Schnabelgerecht schlucken sie ihre weiche Nahrung sofort hinunter, die aus Raupen, Insekten, Spinnen, Früchten und Würmern besteht. Weichfresser finden im Winter keine tierische Nahrung und nehmen von uns gerne Fettfutter an. Das sind weiche, in Fett gewälzte Haferflocken, zerkrümeltes Futter in Meisenknödeln, Rindertalg, Rosinen, getrocknete Beeren und weiche, geschälte Nüsse, aus denen sie energiereiche Krümel herauspicken können.

Vögel müssen ein Vielfaches ihres Körpergewichtes fressen, um im Winter bei großer Kälte überleben zu

Die Heckenbraunelle pickt mit ihrem zarten Schnabel kleine Insekten und Spinnen, im Winter dann feine, möglichst weiche Samen.

können.
Ist der Tisch reichlich gedeckt und für jeden Schnabel etwas dabei, werden die Besucher am Futterhäuschen immer zahlreicher.
Kein Wunder, dass es da zum Streit kommt. Auf so engem Platz bleibt das nicht aus. Deshalb ist es gut, wenn man mehrere Futterplätze einrichtet und jeder Schnabel etwas findet.

Rotkehlchen ernähren sich vor allem von kleinen Insekten, Würmern und Spinnen. Ihr feiner Schnabel stochert und wendet geschickt die oberste Bodenschicht.

Mit seinem kräftigen, meißelartigen Schnabel holt der Buntspecht nicht nur jede fette Käferlarve unter der Baumrinde hervor, sondern hackt Nüsse und Tannenzapfen auf, um an den leckeren Inhalt zu gelangen.

Der Kleiber wird auch Spechtmeise genannt. Sein spitzer Schnabel steht dem der Spechte kaum nach. Auch er hämmert geschickt Nüsse auf, die er dafür in eine Baumspalte klemmt.

Gefahr am Futterhaus

Plötzlich fliegen alle Vögel fort. Ein Feind ist über sie hinweggeflogen und hat versucht, einen der Futtergäste zu erbeuten. Es ist der **Sperber**, ein kleiner seltener Greifvogel, der zusehen muss, wie er über den Winter kommt. Er findet kaum Nahrung. Es ist außergewöhnlich, wenn so ein seltenes Tier zu sehen ist. Auch wenn es uns traurig macht, dass dabei vielleicht ein kleiner, hübscher Singvogel erbeutet wird, müssen wir daran denken, dass dies ein Naturgesetz ist. »Fressen und gefressen werden« bedeutet einfach ÜBERLEBEN. Viele Tierarten sind auf unserem Planeten schon ausgestorben, da wir ihre Lebensräume zerstört haben. Sie konnten sich nicht mehr erfolgreich vermehren und sind tatsächlich verhungert, weil wir ihre Beutetiere vernichtet haben.

Anders ist es, wenn unser wohlgerundetes Kätzchen mit peitschendem Schwanz unter dem Futterhäuschen sitzt und nach den Vögeln hascht. Da müssen wir uns etwas einfallen lassen: Das Futterhäuschen muss unerreichbar in der Luft hängen oder sollte durch Draht geschützt werden. Wir haben schon Futterhäuschen gesehen, in denen eine Katze ihren Mittagsschlaf hielt!

Wer füttert, muss auch schützen: Katzengürtel und Baumkragen verhindern, dass Katzen hochklettern können, glatte Pfähle an Futterhäuschen werden nicht von Mäusen erobert, weil diese an den glatten Flächen nicht hochkommen.
Der rege Flugbetrieb vor unseren Fenstern ist für die gefiederten Gäste nicht ungefährlich. Unsere blank geputzten Scheiben sind für sie unsichtbar. Es passiert häufig, dass ein Vogel gegen die Scheibe fliegt und sich dabei das Genick bricht. Fensterbilder, Mobiles oder angeklebte Greifvögel-Silhouetten schützen die Vögel vor solchen Unglücken.

Die Futterküche

Futter für Vögel bekommst du in allen Supermärkten, im Gartencenter und im Zoofachhandel. Es gibt vielfältige Futtermittel, doch sind die selbst hergestellten und gar gesammelten immer noch am leckersten für die Vögel.

Du kannst im Lauf des Jahres viele Früchte für den Winter sammeln und trocknen: Ebereschen, Nüsse, einige Grassamen, Getreidekörner, Distelsamen, Tannenzapfen, Bucheckern und Sonnenblumenkerne.

Für die Weichfresser kaufst du Kokosfett oder Rindertalg, schmilzt es im Topf auf dem Herd und kannst es mit Körnern und Nüssen vermischt in verschiedenen Formen erkalten lassen, oder es in löcherige Aststücke streichen, die du dann als Futterhölzer aufhängst.

Das ist lecker für die Vögel und hochwertiger, als alle gekauften Meisenknödel und Knabberstangen. Vor allem aber macht es sehr viel Spaß, selbst in der „Futterküche" tätig zu werden. Es gibt viele verschiedene Futterhäuschen zu kaufen, doch welches ist vogelfreundlich?

Das Futter sollte vor Nässe geschützt sein und das Häuschen regelmäßig gereinigt werden. Nasses Futter schimmelt schnell und ist dann ungenießbar. Durch den Kot, den die Vögel überall hinterlassen, wird das Futter verunreinigt und es kann zur Übertragung gefährlicher Krankheiten kommen. Ideal sind Futtersäulen, an denen die Vögel außen daranklammmern. Das Futter bleibt sauber und ist leicht nachzufüllen. Leider eignen sich solche Futtersäulen nur für Körnerfresser, denn Weichfutter würde darin verklumpen.

Einige Vogelarten trauen sich jedoch nicht ins Futterhäuschen. Sie fressen lieber auf dem Boden darunter oder auf so genannten Futtertischen. Hier ist die tägliche Reinigung besonders wichtig, denn die Vögel sitzen direkt im Futter. Es wird nass und schnell schmutzig, ist aber dennoch ein idealer Futterplatz für Buch- und Bergfinken, die scheuen Stieglitze, Zeisige, Goldammern, Rotkehlchen und Heckenbraunellen.

Eine Meisenglocke basteln

Suche dir einen Ast, der gerade noch durch das Loch eines gesäuberten Blumentopfes passt. Oder verwende eine halbe, von deinen Eltern aufgesägte Kokosnuss. Ideal ist es, wenn er oben und unten ein Stückchen herausragt. Schmelze ein Päckchen Kokosfett und mische Vogelkörner, Haferflocken, Rosinen und zerhackte Nüsse hinein. Lass das Fett ein wenig abkühlen und fülle davon gerade so viel in den Blumentopf, dass das Loch verschlossen ist. Sobald der Boden fest geworden ist, kannst du langsam die Restmasse einfüllen. Nun hast du einen tollen Leckerbissen für die Vögel, den du gut in einem Baum aufhängen kannst.

Tischlein deck dich!

»Vögel füttern« hat heute eine andere Bedeutung, als vor 50 Jahren. Da fütterte man die Vögel nur im Winter und das war auch gut so. Im Sommer fanden sie jede Menge Samen, Raupen, Läuse und Spinnen. Der Gedanke der Winterfütterung spukt deshalb noch in den meisten Köpfen herum.
Leider hat sich unsere Umwelt stark verändert. Statt der bunt blühenden Feldränder mit fetten Samen bleiben nur Stoppelfelder, die schnell umgepflügt werden. Die »Wildkräuter«, die die meisten Menschen als Unkräuter bezeichnen, werden mit Gift vernichtet. Sie sind unerwünscht. Deshalb gibt es weniger Insekten, Raupen und Schmetterlinge und deshalb nicht mehr genug Futter für unsere Vögel.

Die Kohlmeise *(unten)* mag am liebsten das Fettfutter.

Der Kleiber *(oben)* versteckt gern Nüsse als Vorrat.

Heutzutage schaffen es die Vögel nur mühsam, ihre Jungen aufzuziehen, weil sie selbst viel zu schwach zum Futtersuchen sind. Gerade hier gilt es, die Altvögel zu unterstützen. Es stimmt übrigens nicht, dass sie das Fettfutter an die Jungen verfüttern. Sie selbst brauchen das Futter, um stark genug zu sein, die wenigen Futtertiere für ihre Jungen zu fangen. Besonders Meisenknödel, Streufutter und Haferflocken eignen sich für die lebenserhaltende Sommerfütterung. Im Winter profitieren dann Alt- und Jungvögel von deiner Futtergabe. Sie überstehen damit die kalte Zeit.

Achtung: Im Winter darfst du keinesfalls Brot oder Kuchen füttern. Einerseits friert das Futter schnell und andererseits bekommen die Vögel davon Bauchschmerzen, vor allem Durst, weil diese Lebensmittel viel zu viel Salz enthalten.

Gut genährte Vögel frieren weniger. Wenn wir frieren, holen wir Pullover, Schal und Mütze hervor. So gut eingepackt, kann uns die Kälte nichts anhaben. Bei den Tieren bekommen viele im Winter ein dickeres Fell, manche sogar eines in einer anderen Farbe, wie das Hermelin, das auf diese Weise geschützt und nahezu unbemerkt durch den Winter kommt. Und die Vögel? Sie haben Sommer wie Winter das gleiche Federkleid. Wenn es sehr kalt ist, plustern sie sich auf und sehen wie Kugeln aus. Zwischen der Haut und dem aufgeplusterten Federkleid bildet sich eine wärmende Luftschicht, die sie gegen die Kälte schützt. An windgeschützten Stellen überstehen sie so manch bitterkalte Nacht. Andere kleine Vögel, wie die Meisen, die im Sommer immer miteinander streiten, rücken im Winter eng zusammen. Sie kuscheln sich in Nistkästen zusammen und wärmen sich gegenseitig. Zum Streiten haben sie genug Zeit, wenn sie am Futterhäuschen sind. Auf dem Bild unten siehst du eine Auswahl geeigneter Futtermittel.

Pelzige Besucher

Doch schau nur, auf einmal fliegen alle Vögel davon! Ein Eichhörnchen ist zum Futterhaus gesprungen und holt sich die Haselnüsse heraus. Schon hält es eine in seinen kleinen Pfötchen!
Eichhörnchen verstecken im Herbst viele Nüsse, Eicheln und Bucheckern. Wenn sie während ihrer Winterruhe erwachen und Hunger haben, suchen sie, auf gut Glück, an Stellen, die ihnen für ein Versteck geeignet erscheinen. Manchmal jedoch finden sie nicht alle Vorräte wieder. Ein Futterhäuschen ist dann ein ideales Restaurant für sie, denn auch Sonnenblumenkörner, Rosinen und Haferflocken schmecken ihnen.

Versorgst du dein Futterhaus das ganze Jahr über, kann es gut sein, dass ganz besondere Gäste im Schutz der Dunkelheit kommen: Siebenschläfer *(Bild rechts)*, Gartenschläfer oder die Haselmaus.

Wenn sie sich dick und rund gefressen haben, halten sie einen Winterschlaf, der bis zu sieben Monate dauert.

Im Sommer und Winter kommen in der Nacht auf jeden Fall zahlreiche, hungrige Haus-, Gelbhals- und Waldmäuse, *(Bild unten),* um das vom Tag übrig gebliebene Futter zu verspeisen.

Mancherorts marschieren nachts sogar Waschbären zum Futterhaus. Immer der Nase nach geht es bei ihrer Futtersuche, und sie sind nicht wählerisch. Sie verspeisen alles, was noch übrig ist. Waschbären schlafen im Winter nur zeitweise. Ab und zu, wenn sie der Hunger plagt, wandern sie herum, durchstreifen die Gärten und trauen sich sogar in die Häuser.

Wo Waschbären vorkommen, werden sie von Menschen vertrieben. Die fürchten die nächtlichen »Poltergeister«, die auf Dachböden und in Häusern eine Menge Schaden verursachen können. Vielerorts werden sie sogar gejagt. Andere Menschen finden sie putzig und begeistern sich für sie. In Parks werden Waschbären zutraulich. Da sie Allesfresser sind, haben die Besucher immer die richtigen »Leckerchen« in der Tasche.

Die Vögel mit dem spitzen Schnabel

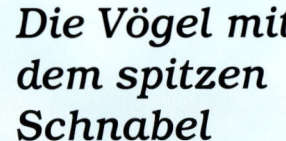

Kleiber und Spechte bauen nicht nur ihre Bruthöhlen in Baumstämme, sondern suchen auch im Laufe des Jahres unermüdlich die Stämme nach Insekten ab. Unter der Rinde werden sie mit ihren spitzen Schnäbeln schnell fündig. Sie fressen zahlreiche Larven, Raupen und Käfer.

Am Futterhäuschen begegnet uns häufig der Kleiber mit seinem kurzen, kräftigen Körper und dem spitzen Schnabel. Er ist deutlich größer als die Meisen und Spatzen und hängt sogar zwischen ihnen an den Meisenknödeln. Im Sommer frisst er Insekten, im Herbst Bucheckern und Nüsse. Oberseits ist er wunderschön graublau gefärbt, unterseits gelbbraun und zusätzlich an seinem langen, schwarzen Augenstreif zu erkennen. Der Kleiber ist der einzige Vogel, der kopfüber einen Baumstamm hinablaufen kann!

Er trägt übrigens den Namen Kleiber, weil er das Einflugloch seiner Bruthöhle, die er von einem Specht übernommen hat, mit einer klebrigen Masse verkleinern kann, die er aus Speichel, Lehm und Holzspänen herstellt. Interessant ist, dass Kleiber Vorräte anlegen. Sie stopfen Sonnenblumenkerne und Samen in Ritzen und Fugen von Mauern. Holen sie ihre Vorräte nicht, sprießen im nächsten Sommer auf einmal Blumen aus den versteckten Samen.

Kleiber und Spechte, die sich ansonsten von Insekten ernähren, nehmen gerne Weichfutter oder geschälte Nüsse von uns an.

Groß und auffällig ist der schwarzweiße **Buntspecht** *(Bild rechts)*, dessen Männchen einen roten Nackenfleck tragen. Er liebt es, wenn du ihm das Fettfutter in Löcher und Spalten eines Baumstamms streichst.

Den kleineren, ähnlichen **Mittelspecht** *(Bild unten)* kann man leicht durch dessen rote Kappe, die Männchen und Weibchen tragen, unterscheiden.

Farblich ganz anders und größer als der Buntspecht ist der schöne **Grauspecht** *(Bild links)*, der einen dolchartigen Schnabel besitzt und ein grüngraues Federkleid trägt. Für ihn haben wir das Futterholz aufgehängt, das mit einem Körnergemisch und Pflanzenfett gefüllt ist. Im Sommer ernährt er sich gerne auch von Ameisen. Schon von Ferne erkennst du ihn an seiner Stimme, es klingt wie ein schallendes Lachen.

Sie knacken jedes Körnchen

Finken sind Körnerfresser. Ihre Schnäbel sind rund und kräftig, kein Körnchen oder Nüsschen ist ihnen zu hart. Es gibt viele verschiedene und tatsächlich sehr auffällig gefärbte Finkenarten am Futterhäuschen zu beobachten:

Beide sind etwa so groß wie Spatzen. Im Winter wirst du am Futterplatz fast nur Männchen beobachten, denn die Weibchen ziehen in oft riesigen Schwärmen gen Süden.
Am liebsten fressen sie herunterfallenes oder am Boden ausgestreutes Futter wie Haferflocken.
Ziemlich streitlustig ist der **Grünfink** (unten). Wie der Name schon verrät, ist er grün,

Unser wohl häufigster Vogel ist der **Buchfink.** Das Männchen (links) mit seinem rostroten Federkleid, seiner blaugrauen Kopfplatte und den weißen Streifen auf den schwarzen Flügel ist deutlich auffälliger als das viel schlichter olivgrau gefärbte Weibchen (oben rechts).

genauer gesagt olivgrün gefärbt und hat an den Flügeln eine auffallend gelbe Zeichnung.
Er ist leicht vom ebenso grünen **Erlenzeisig** zu unterscheiden, der viel kleiner ist und dessen Männchen eine schwarze Kopfplatte trägt.

dischen Gesangs in Gefangenschaft gehalten. Heute braucht man dazu eine besondere Genehmigung der Naturschutzbehörde.
An unserer Futterstelle bedient er sich an den Sonnenblumenkernen, an Hirse, Hanf oder den Meisenknödeln.

Ganz bunt mit rot gefärbtem Gesicht und einem breiten gelben Flügelband ist dagegen der **Distelfink** oder **Stieglitz** (rechts). Im Sommer sieht man ihn bevorzugt kleine Samen holen, zum Beispiel die Samen der Disteln, des Raps und des Leins. Die findet er auch an nicht gemähten Straßenrändern, auf Feldern oder brach liegenden Wiesen. Der Stieglitz baut sehr zierliche, kleine Nester in die Bäume und wird während der Brutzeit meist gar nicht bemerkt. Früher wurden diese Vögel oft wegen ihres melo-

Der **Gimpel** oder **Dompfaff** ist kaum größer als der Buchfink, doch von rundlicher Gestalt. Das Männchen *(oben im Anflug)* ist wunderschön, mit karminroter Brust, schwarzem Kopf und Schwanz sowie schwarzen Enden an den grauen Flügeln. Das Weibchen *(rechts oben)* hat statt der roten eine graurosa Brust. Gimpel fressen kleine und große Samen, mit Vorliebe aber Baum- und Strauchknospen, Beeren und Insekten. Auch im Winter knabbern sie die an den Wildsträuchern verbliebenen Beeren und deren Knospen. Gerne schnappt er sich die Rosinen, das Fettfutter und die Erdnussstückchen vom Futterplatz.

Noch farbenprächtiger wird es am Futterplatz, wenn sich zu den beiden noch das Männchen des **Bluthänflings** *(links)*, der gerne Hanf- und Hirsesamen frisst, dazugesellt oder die gelbbraune **Goldammer,** die oft gleich in Schwärmen auftritt.

Dick, bunt, aber nur scheinbar viel größer als andere Finken ist der **Kernbeißer** (unten). Er ist mit bis zu 62 Gramm der schwerste bei uns vorkommende Fink, also über doppelt so schwer wie ein Buchfink. Er hat einen großen, dicken Schnabel, mit dem er steinharte Hainbuchensamen und sogar die Kerne von Kirschen und Pflaumen knackt. Hat er sich zur Fütterung eingefunden, frisst er einen Sonenblumenkern nach dem anderen.

Der **Fichtenkreuzschnabel** (rechts), dessen obere und untere Schnabelhälfte sich an der Spitze überkreuzen, ist ein Nahrungsspezialist und nur sehr selten am Futterhäuschen zu beobachten. Er hat übrigens den gekreuzten Schnabel, um damit die Fichtensamen aus den Zapfen herauszubekommen. Im Gegensatz zum rot gefärbten Männchen ist das Weibchen gelb bis graugrün.

Wintergäste

Je kälter der Winter, desto exotischer die Gäste am Futterhaus.
Ein großer Schwarm nordischer **Seidenschwänze** fällt ein. Weil sie so plötzlich in großer Zahl auftreten, nennen wir sie »**Invasionsvögel**«. Sie leben eigentlich in der Tundra Skandinaviens und Sibiriens, einer eher kargen Landschaft. In sehr kalten Wintern wandern sie etwas nach Süden.

Im Mittelalter wurde ihr plötzliches Auftreten als „gefährlich" eingeordnet. Man kannte sie nicht, fürchtete sich vor ihnen und nannte sie Pestvögel, weil sie nur alle paar Jahre kamen und es zunächst keine Erklärung für ihr plötzliches Auftreten gab. Inzwischen weiß man, dass sie immer dann ein Stück nach Süden ziehen, wenn sie sich stark vermehrt haben und das Futterangebot in ihrer Heimat nicht für alle ausreichend ist. Sie ziehen deshalb ein Stück nach Süden und suchen bei uns nach Beeren und Obst.

Sobald wie möglich, ziehen sie wieder in ihre Heimat zurück.

Zu den Invasionsvögel zählt außerdem der bunte **Bergfink** *(Männchen unten links, Weibchen daneben)*. Die Männchen bekommen schon im Februar, wenn sie noch bei uns sind, ihr schönes Brutgefieder.

Oft kommen im Winter sogar die hübschen **Birkenzeisige** *(oben am Futterautomaten)* zu uns, manchmal mit Schwärmen, die aus Birken- und Erlenzeisigen bestehen. Beide Arten hängen gern wie kleine Federbällchen in den Birken und holen sich die letzten Birkensamen vom Baum, ehe sie zu uns an den Futterplatz kommen.

Die seltene **Rotdrossel** *(unten)*, die ihren Namen den roten Federn unterhalb der Flügel verdankt, kommt im Winter oft in Schwärmen anderer Drosselarten mit zu uns. Sie frisst mit Vorliebe Beeren aller Art. Die von dir ausgelegten, vielleicht schon etwas schrumpeligen Äpfel aus dem Keller sind für sie ein Leckerbissen.

Kein Spatz wie der andere!

Zwischen den bunten Meisen tummeln sich die frechen Spatzen, auch Sperlinge genannt. Doch schau, sie sehen nicht alle gleich aus. Wer auf dem Land wohnt, sieht noch öfter den ansonsten sehr seltenen Feldsperling. In den Großstädten tummeln sich die Hausspatzen. Manchmal sind sogar beide Arten vertreten. Sperlinge sind wirklich überall zu Hause und finden an jeder Imbissbude noch ein paar brauchbare Krümel. Sie lernen schnell, werden recht zutraulich und nehmen das Futter sogar aus der Hand. Im Sommer begegnen sie uns in den Restaurants, wo sie unter den Tischen entlanghüpfen und auf die Speisereste lauern.

Der Feldsperling hingegen, der früher ein richtiger Dorfvogel und auch recht häufig war, ist mittlerweile vom Aussterben bedroht. Er ist kleiner als der Haussperling, hat eine braune Kopfplatte und schwarze Ohrenflecke, Männchen und Weibchen sehen gleich aus. Das Männchen des größeren Hausspatzes hat eine graue Kopfplatte und schwarze Kehle, die in einen schwarzen oder grau-schwarzen Brustlatz über geht. An unserem Futterplatz kommen beide Spatzenarten vor.

Unser Garten ist ein wunderbarer Platz für Vögel. Sträucher, Bäume und Gebüsch bieten viel Platz zum Nisten und Verstecken. Unter dem Dach sind Lücken, in die die Haussperlinge

Unsere Spatzen kommen meist in Schwärmen. Sie sind sehr geschickt und schaffen es, sogar an den Meisenknödeln zu fressen, obwohl ihr Schnabel eher für das Körnerfutter geeignet ist.

Und wer ist das? Es ist ein scheuer, seltener und vor allem unauffälliger Gast, die **Heckenbraunelle**. Fast könnte man sie mit einem Spatzen verwechseln, dabei hat sie aber einen dünnen, spitzen Schnabel, ist eigentlich ein Insektenfresser und macht sich viel lieber über das Weichfutter her.

gerne hineinschlüpfen.
Die sommerblühenden Stauden lassen wir im Winter stehen, sodass die Vögel die Samen daraus ernten können. Dort, wo die Gärten sehr übersichtlich und vor allem überpflegt sind, fühlen sich Wildtiere nicht wohl. So ist manch ein Garten zwar schön anzusehen, beherbergt aber wenig Leben darin.

Futterplätze sauber halten!

Es ist wichtig, dass die Futterplätze, besonders Futterhäuschen, sauber gehalten werden. Durch den Kot der Vögel, der bald zwischen den Körnern zu erkennen ist, verbreiten sich schlimme Krankheiten. Die Vögel bekommen Durchfall und sterben. Einen kranken Vogel erkennst du daran, dass er aufgeplustert, mit geschlossenen Augen, teilnahmslos einfach nur dasitzt. Meist ist ihm nicht zu helfen. Versuchen kann man es, indem man ihn in einen Karton setzt, über dem man eine Rotlichtlampe aufstellt. Die Gabe von Futter und Wasser versteht sich von selbst.

Die Kleinsten und die Größten

Der **Zaunkönig**, den du an seinem aufgestellten Schwanz erkennen kannst, ist winzig klein. Er wiegt nur acht Gramm! Im Garten sehen wir ihn meist in Bodennähe durch das Gebüsch huschen, wo er auch in einem kuscheligen Kugelnest seine Jungen ausbrütet. Für so einen seltenen und winzigen Gast brauchen wir ein besonderes Futter. Mit ein paar Mehlwürmern und schmackhaftem Weichfutter können wir dem kleinen Kerl gut helfen.

Seinen schmetternden Gesang, den du einem so kleinen Vogel sicherlich nicht zutrauen würdest, lässt er sogar im Winter bei Schnee und Eis erklingen.

Unser allerkleinster Singvogel ist das **Goldhähnchen,** das am liebsten hoch oben in den Wipfeln der Nadelbäume sitzt und allein deshalb noch seltener zu entdecken ist, als der Zaunkönig. Es fällt durch seine leuchtend gelborange Kopfplatte auf. Das restliche Gefieder des Vogels ist olivegrün. Der Schnabel ist spitz und lässt den Insektenfresser erkennen. Goldhähnchen geben einen meisenähnlichen, leise wispernden Gesang von sich, der aus so hohen Tönen besteht, dass ihn viele Menschen nicht mehr wahrnehmen können. Nur in sehr kalten Wintern ist der kleine Vogel bei uns zu Gast.

Wir bieten ihm Ast- und Rindenstücke an, in die wir Rindertalg und Fettfutter streichen.

Das Gurren der Tauben hast du schon gehört. Leicht zu übersehen sind diese großen Vögel auch nicht, aber dennoch gilt es, zumindest zwei bekannte Arten voneinander zu unterscheiden, die Ringel- und die Türkentaube.
Die **Ringeltaube** (unten) ist unsere größte Taube. Männchen und Weibchen sehen gleich aus, sind graublau gefärbt, haben eine weiß-grüne,

auffällige Zeichnung am Hals, sowie einen orangegelben Schnabel. Sobald sie irgendwo auffliegt, hört man das Klatschen ihrer Flügel.
Die **Türkentaube** (oben) ist wesentlich zierlicher, hellgrau-rosa gefärbt, mit wenigen bläulichen Federn an den Flügeln. Sie hat einen schwarzen Nackenring. Ebenso wie die gefräßige Ringeltaube, mag sie Reis, Mais und Getreidekörner.

37

Greifvögel leiden Hunger

Ein Schatten fällt auf das Futterhaus. Die muntere kleine Vogelschar fliegt laut schimpfend ins Gebüsch.
Während einige Greifvogelarten Richtung Süden ziehen, bleiben andere bei uns. Die Vogeljäger **Habicht** und **Sperber** haben nicht ganz so große Probleme Beute zu fangen wie die Mäusejäger **Turmfalke** *(Bild rechts)* und **Mäusebussard**. In manchen Jahren, wenn es heiß und trocken ist, haben die Greife schon im Sommer Schwierigkeiten, genug Futter für ihre Jungen zu finden. Weniger Mäuse bedeuten weniger Greifvögel und Eulen!
Wenn dann noch ein strenger Winter folgt, der eine lange, feste Schneedecke beschert, sind die Greifvögel und Eulen am verhungern. Naturschützer legen Futterplätze an, an denen sich die geschwächten Tiere etwas holen können, da zum Beispiel Mäuse unter den Schneedecke unentdeckt ihrer Wege gehen und für die hungernden Vögel unsichtbar bleiben.
Turmfalken leben sowohl in Städten als auch in Dörfern. Sie benötigen offene Landschaften, Feldgehölze, Parks und Gärten. Wie der Name verrät, brütet der kleine Greifvogel gerne in Türmen und höheren Gebäuden.
Der Mäusebussard, der groß und mächtig hoch oben am Himmel kreist, versucht, neben Mäusen, kleine Singvögel zu erbeuten. Er wagt sich jedoch nicht in zu eng bebaute Wohngebiete und ist auch weniger wendig als der Turmfalke. Für ihn richten manche Gartenbesitzer

Am späten Nachmittag, wenn es langsam dämmerig wird, kann sogar einmal eine Schleiereule am Futterplatz auftauchen. Nicht die Vögel hat sie im Blick, die sich dann auch schon längst verkrochen haben, sondern die Mäuse, die all die heruntergefallenen Körner und Haferflocken vertilgen. Schleiereulen sind lautlose Jäger, die gezielt mit ihren Krallen die Beute packen und mit einem Biss ins Genick töten.

Haben sie das Glück, wie auf unserem Bild unten, in einer Scheune ihren Unterschlupf gefunden zu haben, sitzen sie auch im Winter geschützt und trocken. Außerdem können sie Mäuse auch in der Scheune fangen, worüber sich der Bauer freut.

am Ortsrand einen sogenannten Luderplatz ein.

An Luderplätzen oder natürlich verendetem Wild finden sich bald die zum Teil bei uns überwinternden **Rotmilane** ein. Auf dem Bild links fressen sich ein Rotmilan und ein Mäusebussard satt.

Meist kommt es dabei zu Streit, doch so schwer verletzt wird dabei meist keiner.

Wasservögel

Sommer wie Winter freuen sich die Wasservögel über mitgebrachtes Futter. Im Sommer werfen wir ihnen kleingeschnittenes Brot zu. Enten, Schwäne und Blesshühner sind Allesfresser. Haferflocken, Körner und auch Obst lassen sich in der Nähe des Gewässers anbieten. Die kecken Blesshühner vertreiben dabei sogar die Enten und vor allem die viel größeren **Höckerschwäne**.

Im Winter frieren Teile der Seen und Teiche zu, oft bleiben nur winzige Wasserflächen, auf denen sich die Tiere zusammendrängen. Die Nacht auf dem Wasser ist ungemütlich und wenn die Vögel Pech haben, ist es so kalt, dass ihnen das Wasser auf dem Schnabel gefriert, wie bei dem Schwan oben. Aber keine Angst, ein Wasservogel erfriert nicht so leicht. Mit seinem Körper schützt er seine Füße vor dem Festfrieren.

Die Winterspaziergänger füttern die Wasservögel gerne. Das Nahrungsangebot für Wasservögel ist deshalb oft sehr reichhaltig. Für die Seen und Teiche ist das oft problematisch, denn Tiere, die so

viel und gut fressen, scheiden auch wieder jede Menge Kot aus. Das Gewässer wird stark verunreinigt und andere Wasserbewohner können daran eingehen. Schon deshalb gibt es Fütterungsverbote für Wildtiere in den Städten.
Leicht erkennst du die majestätischen, weißen Schwäne. Mit ihrem kräftigen Schnabel und dem langen Hals sind sie gefährlicher, als manch ein Spaziergänger ahnt. Schnell haben diese Vögel nach der Hand geschnappt. So mancher, überraschter Vogelfreund wurde schon bis nahe ans Wasser gezerrt.
Die **Stockenten** sind da viel friedlicher. Das bunte Männchen ist leicht vom schlicht braun gefärbten Weibchen zu unterscheiden. Eifrig schnattern sie vor sich hin, tauchen immer wieder ihren Kopf tief in das Wasser hinein, sodass ihr Schwänzchen tatsächlich in die Höhe ragt. Besonders freche Wasserbewohner sind die Blesshühner. Blitzschnell sind sie zur Stelle, wenn es etwas zu fressen gibt.

Von der diebischen Elster und den Nussdieben

Eichelhäher *(unten links)* und **Tannenhäher** *(unten rechts)* sind zwei ungefähr taubengroße Vögel, die laut ratschend in unseren Nussbäumen und Haselsträuchern sitzen. Ratzfatz holen sie eine Nuss nach der anderen aus den Bäumen, schon längst, bevor diese reif sind. Der Eichhelhäher, der, wie auch der Tannenhäher, zu den Rabenvögel gehört, ist besonders bunt. Er kann die Nüsse und Eicheln in einem Kehlsack transportieren, den er dann in Erdlöcher entleert. So legt er sich Wintervorräte an. Da er jedoch nicht alle Voräte wiederfindet und diese im nächsten Jahr keimen, sorgt er automatisch für die Verbreitung von Eichen und Haselsträuchern.

Den Eichelhäher erkennst du an den leuchtend blau gefärbten Oberflügeldecken.

In den Städten sammeln sich im Winter die Rabenvögel: **Aas-** und **Saatkrähen**, **Dohlen** *(Bild auf der rechten Seite)* und **Elstern**. Früher waren sie die ständigen Gäste auf Müllkippen, um dort nach fressbaren Abfällen zu suchen. Heute, wo es kaum noch Müllkippen gibt, kommen sie im Winter nicht mehr zu Zehntausenden aus Sibirien und Polen zu uns.

Hast du schon gewusst, dass die Ra-

benkrähe östlich der Elbe »Nebelkrähe« *(unten links)*, westlich davon aber »Rabenkrähe« *(unten rechts)* genannt wird?
Die Elster ist überall ein nicht gern gesehener Vogel, sie ist an ihrem auffälligen schwarz-weißen Gefieder und ihrem langen Schwanz erkennbar. Im Sommer raubt sie andere Vogelnester aus und frisst sowohl die Eier als auch die Jungvögel.
Je größer die Vögel, umso unbeliebter sind sie am Futterhäuschen. Der Eichelhäher vertreibt die kleinen Singvögel. Wer viel Zeit hat, kann ihn ablenken. Eichelhäher sind nicht scheu und lassen sich auf einen bestimmten Futterplatz mit Nüssen ablenken. Noch weniger scheu ist der Tannenhäher.
Und die Krähen? Die großen Vögel erschrecken die kleinen Singvögel und reißen mit ihrem großen Schnabel die Futterknödel ab.

Dohlen leben oft zu vielen in alten Gemäuern aus denen sie mit typischem „Kiak-kiaak"-Ruf hervorfliegen.

Das kannst du sammeln

Im Sommer und Herbst ist der Tisch für die Vögel in der Natur reich gedeckt. Insekten, Würmer, Spinnen und Samen verschiedener Gräser stehen auf dem Speiseplan.
Jetzt tragen viele Pflanzen Früchte. Nun ist es Zeit für dich, für den Winter zu sorgen. Du sammelst Hagebutten und die Beeren der Ebereschen *(Bild unten)*, trocknest sie in der Sonne und hebst sie für deine Vogelfütterung auf.
Neben den wenigen Früchten, die sich

gut trocknen lassen, greifst du zu, wenn die Bucheckern von den Bäumen fallen und sammelst die Eicheln, Walnüsse und Haselnüsse. Die Nüsse zerkleinerst du mit einer Küchenmaschine, denn nicht jeder Schnabel vermag mit den ganzen Früchten umzugehen. Die Hagebutten mit ihren vielen Samen darin, sind ein besonders vitaminreiches und beliebtes Vogelfutter.

Hast du mal bemerkt, wie unterschiedlich die Hagebutten aussehen? Je nach Rosenart sind sie dick und rund oder eher klein und eiförmig. Auf dem Bild oben siehst du die dicken Früchte der Kartoffelrose. Den Vögeln ist das egal, sie fressen alle Sorten gern.

Haselnüsse *(Bild oben)* und Walnüsse knackst du auf, denn du hast ja schon gehört, dass es nur einige Vögel gibt, wie zum Beispiel den Buntspecht und den Kleiber, die das alleine schaffen. Die, die nicht so einen stabilen Schnabel

haben, freuen sich über deine Vorarbeit. Möchtest du noch mehr für die zarten Schnäbel der Zeisige, Distelfinken und Heckenbraunellen tun, kannst du auch noch Erlen- und Birkensamen *(Bild oben)*, sowie die wolligen Samen der Disteln *(Bild links)* sammeln.

Gesammeltes Futter kostet nichts und du weißt, woher es kommt. Je weniger chemische Mittel es beim Wachsen abbekommen hat, umso besser für die Vögel.

Unsere weiteren Fotosachbücher: brillant, informativ,

978-3-930038-45-9 978-3-930038-13-8 978-3-930038-24-4 978-3-930038-17-6 978-3-930038-27-5

978-3-930038-15-2 978-3-930038-04-6 978-3-930038-14-5 978-3-930038-07-7 978-3-930038-38-1

»Ein Igelwinter«
– ein spannendes, erzählendes, lehrreiches Taschenbuch über das Leben der Igel. 128 Seiten mit vielen sw-Zeichnungen.

978-3-930038-23-7 978-3-930038-25-1 978-3-930038-10-7

  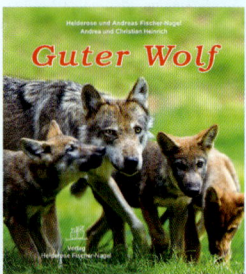 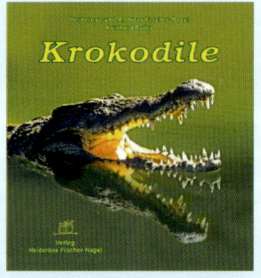 

978-3-930038-02-2 978-3-930038-34-3 978-3-930038-36-7 978-3-930038-35-0 978-3-930038-37-4

In Ihrer Buchhandlung oder Verlag Heiderose Fischer-Nagel, Brunnenstraße 7, D-34286 Spangenberg-